Secrets pour gagner sa vie avec crypto-monnaies

Contenu

Combien d'argent faut-il pour vivre des crypto-monnaies ? 5

Les raisons d'investir dans les crypto-monnaies 10

Découvrez la rentabilité d'une vie de trading de Bitcoin 13

Témoignage réel sur la façon de gagner sa vie grâce aux investissements en bitcoins. 20

L'ambition de vivre de la négociation 25

Combien devez-vous générer pour vivre des crypto-monnaies ?......................33

Quelques recommandations pour gagner sa vie avec les crypto-monnaies.......37

Expériences générales de vie en crypto-monnaies 42

Les moyens d'économiser et de vivre des crypto-monnaies 43

Les compétences pour vivre du trading de crypto-monnaies.............................47

Le salaire régulier du monde des crypto-monnaies 54

Épargne-retraite en crypto-monnaies 58

Acheter des crypto-monnaies comme garantie sur le chemin de la retraite......61

Plans de retraite conçus sur la base des crypto-monnaies 63

Lancement de Bitwage pour créer un plan de retraite 70

Les meilleures crypto-monnaies pour créer un plan de retraite.........................74

Les crypto-monnaies, un signe d'avenir pour les fonds de pension 76

Actions à éviter pour gagner sa vie avec les crypto-monnaies 80

La génération de revenus avec les avancées technologiques s'est complètement diversifiée, où une option intéressante se détache à court, moyen et long terme, comme les crypto-monnaies, mais il y a encore des doutes sur la façon de transformer ce moyen en une source de revenus qui vous permet de vivre confortablement.

Derrière certaines crypto-monnaies se cache la clé de la diminution de vos soucis financiers, mais cela reste un risque en soi car il s'agit d'un investissement et comme tout autre, il y a la possibilité de gagner ou de perdre de l'argent, mais en faisant face à ce résultat, vous allez pouvoir être ouvert à des gains significatifs.

Combien d'argent faut-il pour vivre des crypto-monnaies ?

Lorsque vous envisagez d'investir dans les crypto-monnaies, un détail que vous devez estimer est le type de capital que vous devez avoir pour multiplier les chiffres en gains positifs, il y a différentes façons ou modalités pour obtenir ce type de résultat économique, comme vous pouvez apprendre sur ce monde vous pouvez consacrer ce qui est nécessaire.

Dès le début, vous devez garder une vision réaliste des risques auxquels vous faites face, ainsi que des aspects de ce monde économique, différents gestionnaires utilisent leurs connaissances pour participer à des investissements en crypto-monnaies, et un point important à discuter est comment vous pouvez investir.

- **Choisir hodler ou cryptotrader**

Au moment de faire partie de l'investissement de crypto-monnaies vous pouvez adopter deux types de modalités, celles-ci dépendent du type de temps que vous devez consacrer à cette activité, ainsi que de la magnitude du capital destiné à cet investissement, donc cela est classé de deux façons.

D'une part, vous avez la possibilité d'obtenir un niveau de profit optimal au point de vivre de cet investissement, et d'autre part il y a aussi des participants qui ne cherchent qu'à atteindre un niveau de rentabilité de l'argent que vous gérez et cela n'est plus assuré par une banque ou une entité traditionnelle, encore moins face à l'inflation.

Ces deux concepts peuvent être réalisés au moyen d'un hodler ou d'un cryptotrader, dans le cas des hodlers se réfère à l'action de détenir des cryptocurrences, cette alternative a l'avantage que le type de capital est flexible car à long terme il sera rentable.

1. **Hodler**

Mais avant l'option de hodl vous devez effectuer un compte qui est totalement réaliste, vous pouvez commencer sous l'étude du marché, ainsi que de garder la position de conserver et de vendre les actifs au meilleur moment pour chaque étape, c'est un point clé car sinon il n'y aura pas de rentabilité.

Un autre type d'estimation que vous devez faire est de gérer la proportion de bénéfices par rapport à l'investissement que vous faites, puisque si vous utilisez un capital de 1 000 USD vous ne pouvez pas avoir l'espoir de générer 10 000 USD, il faut plutôt parier sur un rendement qui est d'environ 20% ou 50%, cela dépend de vos décisions.

Dans le cas où vous voulez vivre complètement des cryptomonnaies, lorsque vous hodlez vous devez avoir un capital important, de cette façon vous pouvez percevoir quelques bénéfices économiques nécessaires pour vivre, en même temps de ces bénéfices vous devez commencer à diminuer tout ce qui est lié aux impôts et autres.

La question des impôts ne doit pas être négligée, puisque dans des pays comme l'Espagne par exemple, un revenu ou une charge est établi sur le bénéfice produit, environ 18-21% est dédié au paiement de cette taxation légale, ceci est un obstacle pour observer les cryptocurrencies comme une solution de vie au niveau financier.

Pour vivre pleinement d'un investissement en crypto-monnaies en mode hold, il faut impliquer au moins un capital d'environ 100 000 USD, mais lorsque l'on cherche seulement à générer un certain intérêt grâce aux crypto-monnaies, il est préférable de détenir et de vendre progressivement sur le long terme.

Cependant, le risque de voir le prix d'un actif baisser est une condition à laquelle il faut faire face. Il s'agit d'investissements qui ne peuvent être contrôlés, mais qui représentent en même temps une victoire financière lorsque l'on réussit.

- **Méthode pour investir dans les crypto-monnaies**

L'une des techniques les plus couramment utilisées pour investir à long terme dans les cryptocurrences consiste à suivre la moyenne mobile, au moins pendant une période de 120 à 150 périodes, de sorte que lorsque le prix augmente et se situe autour de la moyenne, ou est la moyenne à long terme, le moment d'acheter est limité.

D'autre part, il y a la question du stop loss, bien que différentes opinions le classent comme une ressource dangereuse, surtout lorsque vous pariez sur une position hodling n'est pas le plus conseillé, il est essentiel que vous prenez soin de l'investissement de votre capital sur n'importe quel mode, surtout dans un seul actif, mieux diversifier.

2. **Cryptotrading**

Deuxièmement, il y a la position et le travail de cryptotrading, c'est une méthode dans laquelle vous pouvez obtenir plus de revenus, mais en même temps pour vivre de ces résultats vous devez avoir une quantité considérable de capital, les experts recommandent que vous pouvez avoir au moins 10.000 USD.

Si vous êtes encore novice dans ce type d'investissements, ne commencez pas à investir avec un capital exagérément élevé, vous pouvez vous entraîner avec une mesure beaucoup plus faible que celle mentionnée ci-dessus, jusqu'à ce que vous créiez un plan d'investissement où vous pourrez ajouter certaines techniques ou étapes de cryptotrading étudiées et testées.

Comme vous employez une démarche qui fonctionne, vous allez pouvoir monter progressivement jusqu'au point où si vous êtes bon vous allez pouvoir en vivre sans problème, mais le devoir est sur l'acquisition de connaissances, vous allez devoir lire et vous informer en tout cas pour avoir des idées de votre analyse.

Peu importe ce que vous pouvez lire ou rechercher, la ligne que vous devez garder est celle de la connaissance de soi, c'est votre propre détermination qui vous aidera à prendre les décisions que vous jugez appropriées, surtout parce que les limites doivent être fixées par vous, c'est ainsi que vous établissez un système personnel.

Par exemple, si vous êtes un hodler, vous ne devez pas passer autant de temps sur les opérations, mais dans le cas d'un cryptotrader c'est un investissement d'au moins 4 heures par jour, tout dépend de la disposition que vous avez lors de l'investissement.

Les raisons d'investir dans les crypto-monnaies

Lorsque vous envisagez d'investir dans les crypto-monnaies pour changer votre vie et que vous avez encore des doutes, vous pouvez prendre en compte les points suivants pour faire de votre mieux, en gardant la conviction nécessaire pour réaliser des bénéfices :

- Les crypto-monnaies ont un palmarès considérable, puisqu'elles font partie du paysage financier depuis plus de 11 ans et sont plus pertinentes que jamais sous l'impulsion de la transformation numérique.
- Compte tenu de l'énorme variété et de la quantité d'actifs, il est facile pour vous de pouvoir diversifier votre capital investi.
- D'autre part, le coût de la négociation de ces actifs est très faible, car les bourses modernes n'imposent que peu ou pas de commissions.
- C'est actuellement le moyen le plus fiable de protéger votre capital face à l'inflation.
- La confidentialité est garantie, puisque la gestion des opérations peut se faire de manière anonyme et n'a rien à voir avec la banque traditionnelle.
- Vous obtenez un contrôle réel de vos actifs, en observant tout changement et avec la possibilité de retirer et de déposer à volonté.
- Le transfert d'argent s'effectue de manière rapide et rentable car il s'agit d'un processus numérique.

- Les crypto-monnaies peuvent être utilisées partout dans le monde, leur échelle mondiale vous permet d'utiliser ou de disposer de l'actif en toute liberté.
- Il n'est pas nécessaire de payer pour conserver de l'argent, et encore moins pour acheter et vendre des crypto-monnaies.
- Au fil du temps, différents dispositifs sont mis en place pour mettre les crypto-monnaies à votre disposition au quotidien par un simple clic.
- Ces actifs sont une solution pour mettre de côté les ravages de l'inflation.
- Si vous êtes propriétaire d'une entreprise, vous pouvez accepter les crypto-monnaies pour acquérir un plus grand nombre de clients.
- Petit à petit, une réglementation de protection sur les opérations en crypto-monnaies commence à voir le jour, c'est un point important pour opérer avec plus de confiance.
- Au début, en tant que débutant, vous n'avez pas besoin d'un grand capital, vous pouvez commencer par vous familiariser avec toutes les ressources que ce type d'investissement offre.

- Suite à l'utilisation excessive des crypto-monnaies, d'autres formes d'investissement apparaissent, où les fonds de rendement et autres se distinguent.
- Le monde des crypto-monnaies est contrôlé par la communauté, ce qui signifie qu'aucun gouvernement n'intervient.
- Ce type d'investissement est passionnant, il peut devenir un style de vie pour vous, car différentes communautés vivent pleinement cette expérience.

Apprendre à gagner sa vie avec les crypto-monnaies demande avant tout de la motivation, donc ces raisons ci-dessus sont le meilleur moyen d'avoir de la clarté au moment de prendre une décision et de tout miser pour améliorer ses compétences.

Découvrez la rentabilité d'une vie de trading de Bitcoin

Lorsque vous envisagez d'investir dans le trading de bitcoins, vous devez répondre à quelques doutes précédents pour prendre des mesures solides, car après chaque jour est une option qui a gagné en popularité à long terme, surtout pour le type de privilèges que cet investissement représente pour de nombreuses personnes cela a été soutenu par les options disponibles en ligne.

La participation des détaillants dans les crypto-monnaies est plus précise en raison du type de facilités qu'elle accorde sur différents domaines, c'est ce qui fait que de plus en plus de personnes peuvent faciliter dans cette section d'investissements, ce n'est pas qu'il est facile de gagner, mais il est rentable à mesure que vous gagnez de l'expérience.

La pratique est un élément qui ne peut pas manquer dans le monde des crypto-monnaies, car elle génère des possibilités illimitées pour obtenir des revenus, l'achat d'un actif est simple et en même temps il fonctionne comme une protection sur votre patrimoine pour éviter l'inflation, mais vous pouvez aller plus loin et spéculer pour vivre de cette activité.

A travers quelques petits mouvements et selon les mouvements du marché vous pouvez gagner de l'argent, qu'en étant constant ou en le réalisant avec un grand capital vous pourrez atteindre une source optimale de revenus, où le Bitcoin est une option opportune si vous envisagez de vivre de ce type d'efforts.

Avant de penser à vous soumettre à cette activité, l'essentiel est que vous puissiez croire en vous, et ne pas prendre pour acquis qu'il s'agit d'une activité facile, car la rentabilité peut être attribuée au progrès et à ces actions qui petit à petit donnent forme à ces investissements à long terme.

- **Détention alternative, négociation de bitcoin et de certaines crypto-monnaies**

Le support des investissements en crypto-monnaies est une prolifération en ligne, à tel point que vous trouverez des cours et des formations spéciales sur ce sujet, puisque tout le monde veut vivre du trading, surtout qu'à un moment donné, cela devient une mesure attractive en spéculant progressivement.

Mais pour réaliser des profits, il est indispensable de maîtriser certains concepts tels que le scalping, l'entry et le swing trading, ces termes sont essentiels pour mesurer la rentabilité de vos actions, surtout lorsque vous voulez en faire votre moyen de revenu ou de subsistance, le devoir réside dans un entraînement constant.

Tant que vous pouvez vous exposer au risque avec un meilleur raisonnement, et indépendamment du type de résultat qui est présenté, vous ne devez pas perdre la valeur de la tolérance, c'est le défi que tout type de trader débutant doit relever parce que le marché ne peut pas être contrôlé et encore moins le type de revers qui est présenté.

Au fil des opérations que vous réalisez, la limite ou le point de rupture est plus élevé, c'est ce qui vous permet de prendre de meilleures décisions, sans vous soucier de gouverner vos pas, de cette façon vous pouvez construire un capital de valeur en un temps plus court, d'autant plus que vous devez apprendre à gérer des risques élevés afin d'accroître les profits.

La clé pour vivre du trading est la création d'un plan, que vous suivrez avec un investissement spécial d'énergie qui possède la cohérence, le contrôle de vos pensées, et aussi la discipline, tous ces points sont à approfondir, aussi dans certains moments du marché il est vital de maîtriser la détention de crypto-monnaies.

Avant de vouloir prendre des risques qui vous propulseront vers des gains potentiels, vous pouvez prendre le contrôle de vos actions en comprenant ces actions :

- **Ce qui se cache derrière la holding de crypto-monnaies**

Il ne fait aucun doute que ce type de crypto-monnaie a à voir avec la manière dont elle est achetée au sein de ce marché, mais elle se distingue grandement du trading, puisqu'il s'agit d'un investissement à moyen et long terme, comme une manière de comprendre cette activité sous un rythme un peu plus tranquille.

Ce scénario est plus détendu pour prendre des décisions parce que vous n'êtes pas sous tant de pression, mais cela ne signifie pas que préférer le trading est une activité négative, mais il exige plus d'expérience pour ne pas atteindre une marge de perte élevée, comme vous possédez des connaissances que vous aurez dans vos mains des résultats significatifs.

Le trading actif nécessite un nombre important d'heures, en remplissant cette condition est que vous obtiendrez des profits basés sur chaque heure et mouvement effectué, mais la recommandation est de maîtriser chacune de ces questions pour barboter sur la façon la plus efficace de penser à l'investissement à long terme.

- **Le plan de négociation et la psychologie impliquée**

Ce qui importe le plus est l'intérêt que vous consacrez au moment de commencer dans le monde du trading, en commençant par rechercher de nombreux détails sur le Bitcoin, afin que vous puissiez trouver les facilités de ce moyen, où la première étape est de construire un plan de trading afin que vous ayez quelques règles de base sur la sortie et l'entrée sur le marché.

Sur la gestion des risques est la possibilité de diminuer le type de pertes que vous pouvez faire face, qui est un moyen idéal pour augmenter le succès au point de vivre de cet investissement, au-delà de ne pas avoir la meilleure stratégie dans le monde de la crypto-monnaie, mais il y a quelques règles d'or à suivre pour que les gains compensent les pertes.

Il suffit de prendre quelques prémisses pour qu'en cas d'erreur, vous ayez l'esprit tranquille, sinon vous prendrez des décisions hâtives basées sur vos émotions, à ce moment-là la psychologie qui fait partie de l'investisseur, qui peut se construire par l'expérience, entre en controverse.

Mais certains éléments qui complètent une bonne prise de décision, vous avez besoin de discipline et de constance ; c'est ce qui vous permet d'avoir un respect à la lettre de votre stratégie, mais avec la conscience que ce n'est pas quelque chose que vous pouvez réaliser d'un moment à l'autre, mais tout va de pair avec la pratique pour avancer.

- **Préférence du courtier, utilisation de comptes de démonstration et passage à un compte réel**

Une fois que vous êtes prêt à faire partie du monde de l'investissement en crypto-monnaies, la prochaine étape consiste à choisir un site Web pour le trading et l'investissement en crypto-monnaies, mais vous devez vous concentrer sur un site auquel vous pouvez faire confiance et qui possède les meilleures caractéristiques pour vos plans d'investissement.

Le choix d'un courtier ne doit pas être classé comme une étape facile ou une décision légère, vous devez vous assurer qu'il s'agit d'un site légal et réglementé, en plus de fournir un bon service à la clientèle sans commissions élevées ou beaucoup moins, il en va de même pour tous les détails concernant le dépôt et le retrait pour être pratique pour votre cas.

La recherche comme prévention est la meilleure alternative pour prendre une décision appropriée, l'une des recommandations les plus utilisées est Binance, car c'est un Exchange intéressant qui se positionne dans le monde entier, l'offre de ce portail est importante pour faire partie du mouvement des crypto-monnaies.

La mise en place d'un compte réel vous permet d'effectuer tous les types d'opérations, à partir de chaque option vous pouvez commencer à tester vos émotions jusqu'à ce que vos décisions vous mènent à des profits, peu importe que vous commenciez avec un petit ou un grand capital, l'important est de maîtriser l'impulsion erratique basée sur vos émotions.

Le trading avec le bitcoin ou toute autre crypto-monnaie est conçu comme une activité risquée, mais de la même manière, il offre d'importantes possibilités d'augmenter votre capital, vous devez donc évaluer une gestion et une administration de la même chose afin que vous puissiez réussir dans cet investissement.

Témoignage réel sur la façon de gagner sa vie grâce aux investissements en bitcoins.

Il ne fait aucun doute que dans le monde entier, le bitcoin s'est imposé comme un moyen de paiement accepté dans tous les commerces et dans tous les lieux, tout est ouvert ou disponible quand il s'agit du bitcoin, c'est aussi un actif beaucoup plus rentable que l'or, cela a changé au fil du temps pour mettre les crypto-monnaies dans une meilleure place.

L'alternative Bitcoin gagne de plus en plus de force et ceux qui ont commencé avec cet actif vivent un rêve unique, puisque vous pouvez non seulement vivre grâce à cet actif mais aussi faciliter tout voyage au lieu de vous déplacer avec de l'argent liquide, cette première crypto-monnaie a été le point de financement de nombreuses aventures.

La formation de l'écosystème des crypto-monnaies a commencé par le Bitcoin, mais pour atteindre de vrais profits, il faut vivre avec le risque, c'est un point qui peut être complexe pour beaucoup, mais il y a des témoignages réels de nombreux utilisateurs qui abandonnent et ne vivent qu'avec le Bitcoin.

Dans le cas du populaire Didi Taihuttu, il s'est remis d'une perte familiale pour créer sa propre entreprise, mais avec le temps, il a adopté une vision matérialiste qui a été remise en cause par un autre événement familial qui l'a éloigné des affaires, si bien qu'il a dû faire une pause pour organiser ses idées.

Au cours des voyages effectués par ce personnage, il a commencé à observer le changement et la productivité de ses actifs en Bitcoin et Doge, ce qui a généré une révolution sur sa vision financière car le bon sens des affaires l'a poussé à faire partie de cette option pour contribuer au changement du monde généré par les crypto-monnaies.

Au début, Didi Taihuttu raconte que sa famille n'a pas pris cette décision de la meilleure façon, puisqu'ils ont vendu leurs propriétés pour acheter des bitcoins, mais au moins ils ont convenu qu'ils avaient besoin d'un changement de vie moins matérialiste, ce changement de vie qu'ils ont parié sur les bitcoins.

Le pari complet sur le bitcoin a été une réalité, en utilisant la facilité d'acheter une grande quantité de bitcoin en toute sécurité et rapidement, tout est simple pour commencer à gérer cet actif, mais l'avantage est d'aller sur un site où ils n'acceptent pas ce type d'actif.

L'exploration du monde des crypto-monnaies l'a amené à pouvoir trouver des projets pour ajouter des partenaires, sans compter la collaboration de cet outil de paiement à utiliser comme moyen de liquidité, et beaucoup de gens l'interrogent sur la façon dont il a survécu face au niveau de volatilité et aux chutes que le bitcoin a subies.

La réponse à ce scénario est de s'habituer aux fluctuations, sans penser à une chute à 0 car vous seriez en faillite, mais la vie est faite d'aventures et la protection réside dans l'achat de bitcoins à bas prix, de sorte que face à tout mouvement vous ayez une marge de profit et une protection à laquelle faire appel.

Le trading peut être la source de revenus de tout type de famille, mais face aux ralentissements, vous ne devez vous laisser aller qu'à la tendance elle-même, sans perdre de vue tout ce que vous avez gagné au lieu de vous concentrer uniquement sur le matériel, car cela apaise vos pensées pour avoir une meilleure posture face à toute turbulence financière.

Si vous avez de l'argent pour vivre mensuellement, il n'y a pas besoin de se préoccuper du long terme, au sein des investissements entre en jeu la mentalité, et au final la vie passe à toute vitesse donc il vaut mieux profiter du présent sans se soucier de ce qui se passera demain, il suffit de s'accrocher à la prédiction initiale du prix du bitcoin qui vous a convaincu.

Chaque marché haussier ou baissier a sa propre opportunité, et sur chaque cryptocurrency il y a un maximum historique, mais de tels mouvements ne surgissent pas immédiatement, mais tout dépend de la macroéconomie, ainsi que beaucoup de facteurs ou de variables, mais ce que vous ne devriez pas perdre la foi dans la cryptocurrency choisie.

Le pari sur le bitcoin est dû au fait qu'aucune autre entreprise ou idée commerciale n'a été capable de se maintenir pendant plus de 11 ans, 24 heures sur 24, et en permanence 7 jours sur 7 sans erreur, ceci n'est offert que par une crypto-monnaie telle que le projet pionnier du bitcoin.

Le parcours du BTC a encore beaucoup de détails à étudier, mais il s'agit sans aucun doute d'une pratique à promouvoir, puisqu'il s'agit d'une manière naturelle de continuer dans la dynamique économique sans subir les crashs des systèmes traditionnels qui se produisent dans le monde entier, les crypto-monnaies sont donc une issue décentralisée.

Face à l'intention des gouvernements de limiter le flux d'argent liquide, vous pouvez opter pour les actifs numériques, cette forme de paiement est celle qui gagne en force aujourd'hui, et sans perdre le niveau de confidentialité de ces supports numériques, un tel pouvoir fait partie de chacun des actifs comme DASH, BTC, et autres.

L'important est que ce personnage réaffirme l'utilité d'utiliser n'importe quelle crypto-monnaie de votre choix, et dans des situations telles qu'une pandémie, il n'y a pas d'effet négatif sur ces actifs car ils sont partout dans le monde, et contrairement à la croyance populaire, leur utilisation a considérablement augmenté.

Il ne fait aucun doute qu'il est intéressant de vivre des crypto-monnaies ou de réduire son patrimoine vers cet actif, c'est une industrie permanente que vous avez à votre disposition pour obtenir une totale tranquillité d'esprit, mais sans passer à côté de ce qui est important pour vivre, au lieu de simplement visualiser les variations du cours.

L'ambition de vivre de la négociation

Il ne fait aucun doute que le trading n'est pas facile, mais c'est un rêve et un objectif pour beaucoup de personnes de vivre de cette activité, dans une situation comme la pandémie de Covid-19 avec tant de conséquences négatives sur le plan social, financier, sanitaire et autres, mais il diversifie le mode de fonctionnement des investisseurs.

Mais après différentes analyses de courtiers, des résultats forts sont générés qui imposent la préférence à ce type d'investissements pour leur disponibilité constante indépendamment des circonstances extérieures, mais tout mouvement peut provoquer un état d'alarme sur vos actifs investis.

Certains changements ou conseils sont étendus pour surmonter la phase pandémique sans que cette activité ne décline, indépendamment du fait que la réalité a complètement changé, l'important est de surmonter les crises économiques postulées par le COVID, car c'est un facteur qui affecte un grand nombre de travailleurs traditionnels.

En travaillant à domicile à distance, vous pouvez résoudre vos problèmes économiques à travers une étude technique et tactique, qui vous permet d'utiliser les protocoles de sécurité pour investir avec une plus grande liberté ou opportunité, également dans une contingence vous pouvez vous concentrer pour travailler sur cette action d'investissement.

La différence de travailler à distance a été révélée par le confinement, car le bureau est déplacé à la maison et dans l'état d'alarme la chose la plus pratique à faire est d'augmenter le type d'opération que vous exercez lors de l'investissement dans les cryptocurrences, ainsi l'ouverture d'un compte sur des plateformes telles que les courtiers peut ouvrir la voie à la génération de revenus.

La situation actuelle ou les transactions avec les crypto-monnaies sont beaucoup plus importantes que les années précédentes, après chaque courtier il y a une statistique du changement ou de la participation de chaque année, où les points d'étude suivants ressortent :

1. **Intérêt pour le commerce des crypto-monnaies**

Les raisons pour lesquelles de plus en plus de personnes parient sur le monde des crypto-monnaies, sont dues au fait de vouloir rechercher un accès économique comme celui-ci qui produit des résultats financiers importants en termes d'évolutivité et de rentabilité, depuis 2019 il y a des positions de liquidité très frappantes.

Bien que l'année 2020 ait connu des baisses significatives des actifs les plus solides, les positions ont ensuite repris grâce au fait que de nombreux investisseurs ont profité de cette fenêtre de marché pour acheter à bas prix, et grâce à des positions courtes, de nombreux investisseurs ont pu augmenter leurs revenus.

D'autre part, la poussée de la pandémie qui a limité les emplois a fait que de nombreux revenus ont commencé à s'estomper, alors pour lutter contre ce découragement ils parient sur la liberté financière en ligne main dans la main avec les crypto-monnaies, ce qui conduit à se conformer à certains investissements pour exercer un day-trading.

Ces deux flux d'utilisateurs qui cherchent à vivre du trading, ne sont pas confrontés à un scénario simple, mais si vraiment prometteur, il est réalisable lorsque vous pouvez vous efforcer plus que la plupart de produire des revenus, donc chaque jour de plus en plus de gens cherchent à investir et obtenir un compte pour fonctionner librement.

2. **Préférence pour le trading et la stratégie sur les crypto-monnaies.**

Les changements au sein des marchés sont un panorama habituel, en se basant sur les clients qui font partie des différents brokers, on peut remarquer qu'il y a des variables dans leur comportement, en gardant deux idées claires sur l'investissement par les prédictions et les projets européens ou nord-américains, puisqu'ils sont les plus potentiels ces dernières années.

Mais depuis 2021, tout l'intérêt de l'investissement dans les crypto-monnaies est centré sur celles qui sont adossées au monde de la technologie, puisque la pandémie est un point d'attraction d'intérêt sur ce type de marché, ainsi que celui qui représente les jeux vidéo, sans laisser de côté les réseaux sociaux.

Les fonds et les actifs sont devenus un vaste monde d'opportunités et de possibilités pour en vivre, pour autant que vous mainteniez des stratégies ou une expérience dans ce milieu, car pour certains c'était une façon totalement impensable de vivre mais le nombre d'opérations montre le degré d'intérêt.

La cotation derrière chaque marché est frappante, donc, c'est une bonne offre pour soutenir un salaire et vivre de cette activité, c'est un attrait et un côté robuste qui ne semble pas changer, l'essentiel est de se consacrer aux tendances du marché, car cela vous aide à avoir un progrès dans votre vie et surtout au niveau financier.

Lorsque l'on évoque la lutte contre l'inflation, il faut immédiatement prendre en compte tout ce que représentent les crypto-monnaies, c'est une séduction qui est présente dans tous les réseaux sociaux que vous visitez et il est inévitable de l'ignorer, surtout lorsqu'une grande hausse se présente et que des témoignages de gains de ce mouvement sont publiés.

Les déclarations de personnalités importantes telles qu'Elon Musk ont permis d'affirmer que ce moyen d'investissement gagnera en force, car il existe de nombreux facteurs très importants dans ce monde.

3. **Le niveau de formation est essentiel pour l'accès à ce média.**

Au milieu des plateformes qui permettent le trading avec les crypto-monnaies, il est devenu évident que les nouveaux utilisateurs ont plus de connaissances, c'est-à-dire qu'il y a un souci de faire partie de cet environnement et surtout de générer des revenus, les nouveaux traders prennent leur formation au sérieux et vous ne pouvez pas être l'exception.

Suivre des cours ou des programmes de formation est une réelle opportunité pour vous de vivre de l'investissement en crypto-monnaies, mais certains ayant un niveau minimal ou une notion du marché peuvent s'impliquer dans l'investissement pour générer des revenus et les réinvestir en capital ainsi que dans la formation pour vous-même.

Travailler seul implique une vision futuriste pour surveiller vos possibilités de croissance, c'est un chemin vers la liberté financière où les décisions pèsent, c'est un désir clair l'option de vivre de ces investissements, mais il est atteint seulement en faisant appel au dévouement afin que vous puissiez commencer avec plus que des concepts de base.

Ce que vous devez apprendre est d'utiliser le facteur externe en votre faveur, comme la recherche de certains événements ou le lancement de sociétés ou de projets importants qui sont derrière une crypto-monnaie, cela vous donne un avantage afin que votre capital acquiert une plus grande possibilité de croissance.

D'autre part, ce support vous oblige à vivre avec la recherche des changements les plus commodes, car opérer avec un mode de dépôt ou de retrait qui n'est pas favorable ou qui est exposé à l'inflation est un départ qui vous place dans une mauvaise position, donc votre portefeuille doit être couvert dès le début à cette variable.

Le pari le plus courant est d'assister à des séminaires qui soutiennent les premiers pas de l'investissement sur les crypto-monnaies, c'est une aide pour vous de développer une vision simple mais d'obtenir une préparation pour que vous ayez une base d'analyse fondamentale au moins, sans laisser de côté le suivi à faire sur le monde financier.

Vous pouvez également trouver en ligne une grande quantité d'indicateurs, ces données sont celles qui vous permettront de faire face à la volatilité, un risque auquel vous devez vous habituer et qui peut mettre fin à tout type de stratégie que vous élaborez et donc avoir un impact direct sur vos finances.

Le filtre pour discerner quelles publications sont valables ou non est entre vos mains, il fait partie de ce pouvoir de suivre des sources officielles ou fiables, l'objectif est que vous appreniez à connaître les indicateurs que les investisseurs professionnels suivent et le type d'effet qu'ils ont sur la génération de revenus.

L'aide que vous pouvez obtenir des médias est positive, surtout lorsque vous créez une stratégie d'investissement, sans laisser de côté l'accès aux formations qui dominent ce domaine afin que vous puissiez suivre des étapes plus concrètes et développer un style de vie sponsorisé par les cryptocurrences elles-mêmes, l'essentiel est de continuer à travailler.

Combien devez-vous générer pour vivre des crypto-monnaies ?

Vivre des revenus des crypto-monnaies est un type de rentabilité qui nécessite tout d'abord des connaissances, de l'intelligence, de la liberté de décision, de la maîtrise de soi, de la créativité et surtout l'aspiration à la productivité, à partir de ces mesures de base, l'étape suivante consiste à fixer des objectifs ou des buts.

Un objectif est directement lié au type de revenu mensuel que vous êtes capable de générer, car il doit être supérieur à vos dépenses, en plus d'être suffisamment digne pour vivre, et transformer l'activité d'investissement en un point stable et constant, de cette façon vous pouvez obtenir des revenus passifs et résiduels sans avoir à travailler.

Avec l'essor des crypto-monnaies, notamment le pionnier Bitcoin, il y a eu un comportement commun de vouloir établir un revenu, mais pour arriver à ce résultat il faut avoir des bases de soutien comme un revenu mensuel, cela vous aide à étendre vos actifs financiers, surtout au début.

De même, certaines actions se développent sur le marché dont l'objectif est que vos bitcoins puissent être rentables, au-delà de l'attente de leur réévaluation, car dans l'environnement blockchain, il y a encore beaucoup à exploiter lorsqu'il s'agit de générer des revenus pour en vivre.

Chaque nomade numérique est actuellement concentré sur la génération de son propre revenu basé sur les cryptocurrences, mais sans créer cet obstacle ou attendre une cotation, mais plutôt avec certaines alternatives, par exemple, un point d'analyse est que si vous possédez au moins 2 bitcoins, vous pouvez avoir un revenu d'au moins 6% par an.

Ce type de génération de revenus est supérieur à n'importe quelle activité telle que la location d'un appartement, mais arriver à ce point est une somme d'étapes où vous ne pouvez pas manquer d'apprendre à comprendre en profondeur ce marché, car il a un fonctionnement dynamique où les instruments de garantie sont appliqués et il y a toujours des risques.

Au lieu de simplement entrer et sortir d'un investissement, vous pouvez visualiser les devises comme un actif précieux, que le projet ou sa capitalisation se réalise ou non, l'essentiel est d'avoir la conviction de la manière dont vous allez survivre dans cet environnement, vous devez connaître plus en détail les points suivants :

- **Le contexte du Bitcoin**

Plusieurs investisseurs qui pensaient pouvoir vivre du bitcoin ont dû surmonter différentes difficultés, au point de vendre chaque élément ou bien de leur patrimoine pour l'investir entièrement dans cette crypto-monnaie, ce qui les classe comme de véritables nomades numériques car ils sont devenus pour avoir un mode de vie plus simple suite à cette décision financière.

Ce genre de position exige de ne pas regarder ou être obsédé par l'avenir, mais de penser à un style de vie beaucoup plus simple avec une approche plus quotidienne, il est temps de faire une pause et de sortir, cela leur permettra d'économiser des bitcoins et en même temps de continuer leur vie.

Avec seulement un camping-car et un groupe de voyageurs, ce type de personnes audacieuses a entrepris un style de vie différent, sans toucher à la question de la dépression due aux chutes de bitcoins ou bien moins, ce style de vie a permis à de nombreux utilisateurs de surmonter une sorte d'inflation que leur pays traversait.

Le mieux est que vous gardiez un style de vie qui n'augmente pas les dépenses, car avec les crypto-monnaies vous pouvez avoir une vision beaucoup plus ambitieuse et augmenter les dépenses, alors qu'en fait c'est une façon de générer des revenus qui nécessite de la patience et du temps pour que votre argent puisse se multiplier.

Aussi, l'avantage est que vous vous détachez du système pour travailler pour vous et pour vous, les premiers mois peuvent être complexes et il est faisable d'utiliser un revenu mensuel traditionnel, mais ensuite vous devez faire le grand pas pour n'utiliser que des crypto-monnaies et des stratégies basées sur les crypto-monnaies, jusqu'à utiliser des produits financiers crypto.

L'acceptation commerciale des crypto-monnaies aide également beaucoup pour ne pas avoir à faire un changement excessif, mais cela se traduit généralement par une vie pleine de paris, bien que pour générer une grande richesse, vous devez être prêt à tout miser sur votre idée et être prêt à vivre avec l'idée de perdre.

Être à ce niveau de risque, provoque chez beaucoup de gens que l'argent n'a pas la même valeur pour eux, parce que la volonté de tout perdre pour un meilleur avenir, vous aide à ne pas trop se soucier ou de prendre des décisions hâtives, sans penser à ce qui viendra dans l'avenir parce qu'il est compliqué de répondre à elle.

Il s'agit d'un voyage très lent où vous connaissez vos limites, mais c'est aussi une alternative pour peler pour la charité et utiliser à la fois le temps libre et l'argent dans une destination beaucoup plus utile, la possibilité d'être un nomade numérique est derrière le courage de l'investisseur, car il existe de nombreuses façons de générer des revenus et de vivre de ces actifs.

Quelques recommandations pour gagner sa vie avec les crypto-monnaies

L'utilisation des crypto-monnaies s'empare de plus en plus de régions du monde, c'est un phénomène utilisé pour faire face aux crises économiques, sans oublier que c'est un moyen stable pour résister à certains ravages comme dans le cas d'une pandémie, puisque tout est géré numériquement et c'est un avantage à ne pas négliger ou à écarter.

Les paiements numériques sont la tendance du moment, mais il s'agit de questions financières à étudier et à consulter de manière approfondie, afin d'obtenir les bénéfices escomptés. Avec quelques conseils, vous pouvez vous adapter à ce front financier qui représente un risque ou un défi pour tout le monde, mais avec de grandes récompenses entre les deux.

Les cryptoassets occupés par les utilisateurs dépassent 50% du courtier, grâce au fait qu'il est observé comme un moyen d'investissement pour générer des revenus, cela a également à voir avec les changements postulés par chaque actif, car certains résultats marquent une augmentation de cette tendance d'investissement.

Comme tout type d'investissement, il y a quelques risques à vivre avec pour oser faire des transactions avec ces actifs numériques, puisque les crypto-monnaies demandent un niveau d'éducation ou de formation important, surtout pour affronter le moment culminant du fonctionnement et de la reconnaissance des réglementations de ce média.

Pour faire partie de cet environnement volatile, vous devez prendre en compte les recommandations suivantes pour parier de la meilleure façon sur les monnaies numériques :

1. **Méfiez-vous des promesses de profits exagérés.**

Éviter ou ignorer certaines recommandations est bénéfique car elles peuvent vous promettre trop, et au final il s'agit d'une fraude totale, ceci parce que diverses plateformes émettent des promesses énormes en échange d'un petit investissement dans des actifs de type Bitcoin, Ethereum et aussi sur Binance Coin.

La récupération de votre investissement initial avec des bénéfices rapides n'est pas quelque chose qui arrive par hasard, il vaut mieux suivre les experts avant de faire n'importe quel investissement basé sur des conseils, sans laisser de côté que ce type d'actifs représente une option beaucoup plus productive à long terme, pour profiter des opportunités du marché.

D'autre part, prêter attention aux simples utilisateurs qui créent un compte sur les crypto-monnaies peut vous faire tomber dans un risque d'être arnaqué, c'est pourquoi plusieurs fois ils vous promettent des entreprises idéales basées sur les crypto-monnaies, mais ils sont une arnaque qui ne doublent pas vos gains, mais veulent seulement être payés pour de fausses recommandations.

2. N'exposez pas toutes vos ressources

Lorsque vous avez la possibilité d'investir dans les crypto-monnaies, n'hésitez pas à le faire afin d'apprendre à connaître ce type de marché jusqu'à ce que vous découvriez tout ce qu'il a à offrir, mais si vous avez des économies limitées et que vous voulez investir dans les crypto-monnaies, vous devez accepter au préalable que vous vivrez dans l'anxiété en raison du type de fluctuations que le prix de cet actif traverse.

Le paysage des crypto-monnaies est sous une dépendance absolue de la spéculation ainsi que le degré de volatilité, donc le plus approprié est de faire appel à un investissement diversifié, car de cette façon vous pouvez obtenir un investissement plus sûr, tandis que d'autres quotidiens font face à un risque beaucoup plus élevé.

Il est essentiel de ne pas allouer tout l'argent que vous n'êtes pas prêt à perdre, vous ne devez donc pas allouer 100% de votre capital à cette fin, car les impacts financiers sont incontrôlables, de plus ce sera un état émotionnel qui ne vous permettra pas de prendre de bonnes décisions, augmentant la possibilité d'un résultat terrible.

3. **Vous n'avez aucune protection juridique**

Ce type de commerce virtuel n'a pas de support légal, donc la décision de faire partie de ce monde, implique d'accepter cette idée d'être conscient que cette situation est un risque en plus d'être un marché très volatile, donc pour prendre les mesures appropriées, il est vital d'avoir des connaissances sur ce moyen.

Les crypto-monnaies demandent un dévouement considérable de temps, car à plein temps cette chaîne d'efforts est ce qui génère des bénéfices, surtout pour apprendre à garder son calme et se relever face à un revers sans perdre tout le temps.

4. **Étudiez à l'avance la promotion de chaque crypto-monnaie.**

Au lieu d'investir aveuglément dans les crypto-monnaies, vous devriez prendre en compte chaque détail de celles-ci, notamment parce que certains sites Web placent des contenus malveillants uniquement pour attirer les gens, de la même manière vous devriez prendre soin de vos données financières, car c'est un type d'information sensible que vous ne devriez pas partager.

Avant toute décision, vous pouvez lire les commentaires, tout en enquêtant sur chaque aspect qui génère de l'intrigue à la fois la société et la crypto-monnaie, afin que vous puissiez éviter de tomber dans une arnaque, dans le moteur de recherche, vous pouvez entrer certaines recherches clés telles que les plaintes ou d'autres pour vous aider à mesurer leur réputation.

Il ne fait aucun doute que le sujet des crypto-monnaies se développe et gagne en force en raison des gains potentiels, mais il est difficile de déterminer si dans votre cas il est bon ou non d'investir, car c'est un marché constamment exposé à l'incertitude, mais de nombreuses plateformes d'échange produisent des accords avec les banques traditionnelles.

Expériences générales de vie en crypto-monnaies

Derrière les différents types de modes de vie modernes, il existe des entreprises de toutes sortes basées sur l'ère numérique, comme les postes rémunérés et autres, qui deviennent le moyen de subsistance de nombreuses familles, résultat inimaginable d'une partie de la transformation numérique.

Mais une forme de paiement préférée des amateurs de travail en ligne est à travers les crypto-monnaies, c'est une situation commune à un grand nombre d'utilisateurs, dans les pays latins, c'est une alternative idéale car elle aide à survivre de tout type d'inflation qui est présente.

Les bénéfices et les économies sont utilisés pour être convertis en crypto-monnaies afin de survivre et de surmonter les complexités économiques, donc les expériences en tant que moyen de paiement ont été vraiment positives, elles ont une utilisation universelle, depuis plusieurs années les crypto-monnaies sont consolidées.

À certains moments, on peut penser ou déterminer que le niveau de connaissance est encore en retard, surtout parce que c'est un marché avec des exigences élevées pour que vous utilisiez votre argent correctement sur les cryptocurrencies, tout doute doit être résolu à l'avance.

Les moyens d'économiser et de vivre des crypto-monnaies

Au-delà de toute statistique, il est aujourd'hui régulier et fréquent d'acheter, d'épargner et surtout de vivre en crypto-monnaies, cela fait partie de la réalité numérique que nous vivons et petit à petit cela s'est répandu dans le monde entier, les particuliers comme les organisations font le pari de se mobiliser et de commercer avec les crypto-monnaies.

L'écosystème des paiements avec des crypto-monnaies peut être associé même au paiement de primes pour les employés, cela génère un effet global très important dans de grands pays comme l'Espagne et les États-Unis, mais en même temps ce niveau d'utilisation conduit à l'émergence de taxes, comme un mouvement économique nouveau.

Le système moderne des crypto-monnaies permet de vivre grâce à la valeur de cet actif, d'acheter et même d'épargner, c'est une réalité qui fait sens sur de nombreux témoignages, elle donne également lieu à d'autres services alternatifs comme la garde de crypto-monnaies pour sauvegarder ce type d'investissement, puisque c'est une activité autorisée.

Les alternatives pour prendre soin de vos gains ou de votre patrimoine sont variées, c'est un échantillon de l'expansion que ce moyen obtient, où en plus de tout vous devez obtenir une passerelle fiable entre crypto et fiat, au sein de la Bourse est que vous pouvez obtenir la fonction de dépenser, d'épargner et même de prêter, grâce à l'acceptation de cet actif.

De la même manière que ce type de possession vous permet de vous divertir et d'acquérir tout ce dont vous avez besoin, l'important est que vous pouvez utiliser les cryptocurrencies pour tout ce que vous voulez, c'est donc un type d'investissement que vous avez à portée de main pour en sortir et y entrer quand vous le jugez bon, ceci est dû au rythme accéléré auquel les cryptocurrencies évoluent.

La gestion des distributeurs automatiques de billets d'aujourd'hui vous permet d'effectuer des transactions avec des crypto-monnaies, cela fait partie des options globales que vous pouvez effectuer avec des crypto-monnaies, sous un grand nombre de fournisseurs qui achètent et vendent des bitcoins pour fournir des liquidités.

- **Acheter des crypto-monnaies pour épargner et vivre**

Le financement de votre style de vie dépend non seulement de l'art, mais aussi de l'obtention de passifs et d'actifs, c'est pourquoi les crypto-monnaies peuvent vous fournir cette alternative en empruntant simplement pour que vous puissiez commencer à investir, à échanger et à dépenser, également si vous ne voulez pas acquérir tant de connaissances ou vous impliquer dans ce média, vous pouvez être un prêteur.

C'est un fait que les crypto-monnaies offrent différentes modalités pour vivre et épargner grâce à ces actifs, où il faut aussi inclure l'influence du staking pour conserver les fonds au moyen d'un wallet afin que les actifs soient en production constante de revenus.

Tous ces types de processus peuvent être nouveaux pour beaucoup, il est également vrai qu'il existe un niveau élevé de risque et des failles juridiques qui pourraient vous désavantager en cas d'erreur ou de faute, de sorte que chaque action nécessite une attention et une vigilance extrême lors de l'opération ou de l'exécution des transactions.

Mais par rapport au système financier traditionnel, cette infrastructure augmente vos chances de générer un niveau de revenu plus élevé, mais surtout d'avoir la liberté de choix, alors qu'avec les monnaies conventionnelles vous êtes exposé à l'inflation due aux crises récurrentes dans le monde.

Le monde des crypto-monnaies est un écosystème actif, mais en même temps il dépend de petits détails, c'est un pas vers beaucoup d'options nouvelles, mais il n'y a aucun doute que c'est une réalité de vivre et d'épargner en vertu des crypto-monnaies, c'est une industrie qui vit en évolution après évolution.

La transformation numérique progresse pour apporter plus de commodité à la communauté crypto, chaque innovation est une facilité pour vous de gérer vos actifs de l'intérieur, c'est un type de perturbation financière qui a des qualités importantes pour continuer à changer le monde.

La finance décentralisée est à l'honneur aujourd'hui, car il s'agit d'une tendance futuriste qui se développe de plus en plus fortement, atteignant un niveau de consolidation que peu pensaient possible, c'est un type de finance équilibré qui acquiert de la puissance au fil du temps.

Les compétences pour vivre du trading de crypto-monnaies

Gagner sa vie avec le trading de crypto-monnaies est une réalité que de plus en plus de personnes réalisent, au point d'être la principale source de revenus, mais il est faux de dire qu'il s'agit d'un style de vie simple et luxueux en peu de temps, au contraire, cela nécessite un processus de consolidation et de génération de revenus constants.

Le niveau de vie n'est pas exclusif, mais couvre tous les comptes, fait partie de l'un des avantages de la négociation en particulier sous son mode de distance est conçu comme une opportunité, mais que la réalisation moyenne n'est pas facile ou éphémère, il s'agit d'un processus qui vous permet d'acquérir les compétences nécessaires pour vivre de cette activité.

Sans certaines compétences spécifiques en matière de trading, il ne sera pas possible de générer un revenu qui vous apportera la sécurité, les compétences de base pour gagner sa vie avec le trading de crypto-monnaies sont les suivantes :

- **Fixez un véritable objectif**

La première chose est de se fixer un objectif réalisable, pour cela il suffit d'être honnête ou transparent avec soi-même, car au fur et à mesure que l'on sait et que l'on prend en compte la maîtrise de soi que l'on a, on pourra répondre à certaines situations ou doutes qui peuvent surgir sur ce type d'investissement.

Normalement, vous devriez clarifier ce que le trading fait pour vous, également si vous cherchez à vous consacrer à cette profession à temps plein et à quitter le travail traditionnel, une fois que cela est positif et négatif, la prochaine chose est de continuer à créer des objectifs qui sont cohérents, comme il s'avère de consacrer un temps d'apprentissage quotidien au trading.

Au milieu de ce processus de formation, un engagement total est nécessaire, sans cesser de lire sur ce domaine ou ce support, que ce soit sur le trading, les crypto-monnaies et le marché en général, ce sont des bases d'informations desquelles vous ne pouvez pas vous éloigner, le plus conseillé est que cela ne se décompose pas au-dessus des bénéfices obtenus.

En outre, un bon texte de trading peut devenir votre meilleur allié, car il renforce le niveau de psychologie et vous permet de concevoir une stratégie adaptée à vos intérêts, cela fait de chaque novice, ainsi que des experts car ce sont des habitudes que vous ne devez pas perdre, l'apprentissage est continu, que vous voyez des résultats ou non c'est le moyen d'améliorer votre carrière.

Pour que les crypto-monnaies soient un moyen rentable, vous devez transformer l'éducation en une action cohérente, vous devez vraiment l'aimer afin de faire tout le processus avec passion et ne pas dépendre uniquement du résultat, surtout quand il dépend d'un marché changeant en raison du type de volatilité, vous pouvez effectuer ces actions :

1. **Établir un plan et ne pas le rompre**

La conception d'une stratégie est un engagement en soi, mais comme dans tout investissement vous devez essayer différentes modalités jusqu'à ce que vous atteigniez un point définitif, vous pouvez tomber sur un plan meilleur qu'un autre, mais l'essentiel est que vous ne vous en teniez à aucun plan, c'est-à-dire que la première règle à ne pas enfreindre est l'expérimentation ouverte.

Vous devez vous en tenir au plan de test des stratégies, ainsi qu'être prêt à les changer, qu'elles aient été bonnes, mauvaises ou régulières, l'important est d'effectuer une analyse de chaque résultat, l'intention est que vous ne perdiez pas d'argent sans une réaction légitime, il est donc de votre devoir de faire appel à votre discipline.

La volonté de rester debout sur un marché volatil exige ce genre de concentration, de respecter à la lettre une stratégie qui s'accompagne de résultats solides, mais il s'agit d'obtenir cette stratégie unique qui vous définit, en particulier ce qui rend tout ce processus facile pour vous.

La formation d'un plan de trading est directement liée à votre type de personnalité, ainsi qu'au niveau de routine que vous vivez, de cette façon vous pouvez trader confortablement sans un attachement négatif, mais une discipline fidèle aux complications quand ce sont des plans qui vous ont généré des résultats vérifiables, c'est la façon de récolter des bénéfices.

2. **Gérer les niveaux de capital et de risque**

Lorsque vous voulez investir dans le trading de crypto-monnaies pour en vivre, vous devez fixer un montant d'argent, car c'est ce qui vous permettra d'opérer et en même temps c'est l'outil à travers lequel vous soutiendrez les transactions, sans la détermination du capital vous ne pourrez pas réaliser tout type d'opération.

Le travail et la gestion des crypto-monnaies se fait sur la base de votre capital, et la suite est d'essayer de le protéger à tout prix, car au fur et à mesure que votre capital est raccourci vous ne pourrez pas rester en vie dans ces investissements, il est vital de faire attention aux démarches que vous faites et au risque que vous courez, sinon vous pouvez lapider vos premières expériences.

Il n'y a qu'une seule façon de réussir et de sortir indemne des marchés, et la réponse est basée sur l'obtention progressive de revenus, tout en gérant le risque à chaque étape, en gardant la patience comme principale ressource.

Au début, vous pouvez commencer à gagner seulement 0,5 $ pour chaque transaction, par exemple, dans le cas d'un day trading qui se développe approximativement jusqu'à 5 ou 8 transactions, mais aussi dans cette mesure, vous devez accepter que toutes ne sortent pas ou ne se terminent pas positivement, et quand vous ne connaissez pas une méthode de contrôle des risques, vous pouvez perdre plus que vous gagnez.

Mais en maîtrisant ce niveau de conscience du risque, vous pouvez vous ouvrir à un autre niveau de profit, en particulier lorsque vous pariez sur l'utilisation de 2% de StopLoss, ce type de mesure vous aide à ne pas perdre plus de 2% de ce que vous avez généré, ceci est important car vous allez toujours rencontrer des trades perdants en raison de la forte volatilité.

Le pourcentage des bénéfices des personnes doit augmenter progressivement, où il est essentiel que les pertes ne soient pas plus importantes et surtout que le capital puisse croître jusqu'à l'obtention d'un taux de profit significatif, puisque l'argent généré finit par attirer un pourcentage d'argent plus élevé.

3. Autres recommandations à garder à l'esprit

Avant de vous plonger dans le monde des crypto-monnaies, vous devez tenir compte du fait qu'en ligne, ils vendent une image totalement erronée de ce support, car ils publient généralement les facteurs positifs du trading, incitant davantage de personnes à vouloir s'engager dans cette activité, mais sans se pencher sur les questions de risque.

Trader et devenir un trader n'est pas seulement une autoproclamation, pour avoir des investissements qui vous permettent d'en vivre vous devez faire beaucoup plus, de sorte que les résultats de vos opérations sont ce qui vous définit, le reste est une conjecture dans ce domaine, avant tout désir d'opérer vous pouvez considérer ces conseils :

- Ne soyez pas pressé de devenir un investisseur à succès dans le monde des crypto-monnaies, car ce genre de précipitation ne laisse pas de bons résultats, et ne vous permettra pas d'avancer dans un environnement progressif, surtout lorsque vous ne voulez pas exposer tout votre capital à ces activités.
- Vous ne devez investir que sur les marchés que vous connaissez vraiment et sur lesquels vous êtes prêt à perdre, même si ce n'est pas l'intention, il ne fait aucun doute que c'est un résultat auquel vous devez faire face pour devenir rentable.
- Il est essentiel que vous assumiez qu'être trader exige d'apprendre à vivre avec quelques pertes, personne n'est exempt de ce type de résultats, c'est un business

où perdre est possible et une fois que vous l'assumez vous pouvez oser continuer à apprendre et trouver le plan qui vous représente le mieux.
- Il est totalement faux que le trading consiste à deviner le résultat de ce qui va se passer sur n'importe quel marché, le trader est plutôt chargé de remplir une fonction pour profiter des prix bas ou des mouvements du marché, mais en aucun cas il ne s'agit d'une diseuse de bonne aventure ou d'essayer de se battre avec ce que le marché impose.
- Il ne fait aucun doute que la clé réside dans le type de formation que vous recevez, sans oublier de prendre des mesures qui vous permettent d'être plus proche de ce qui se passe sur le marché, c'est ce qu'on appelle une préparation pour que votre compte et vos revenus vous en remercient.

Le salaire régulier du monde des crypto-monnaies

L'un des principaux portefeuilles de salaires ou d'obligations aujourd'hui sont les crypto-monnaies, elles sont une mesure optimale pour construire une façon de vivre ou de réaliser des dépenses, jusqu'à créer un support pour vos retraites, tout cela grâce à la décision d'investir par ces actifs numériques, même s'ils sont les plus risqués par rapport aux autres marchés.

Construire un portefeuille sur la base de crypto-monnaies est une pleine opportunité pour que vos revenus augmentent, pour cela vous devez atteindre un bon mois, par exemple, ou ce qui est également traduit comme une période de bonnes décisions, car c'est la meilleure façon pour votre portefeuille d'être fort.

L'objectif crucial dans l'environnement des crypto-monnaies est d'atteindre la stabilité, avant de commencer vous pouvez miser sur une expérience progressive, il s'agit d'investir régulièrement sur cet actif, mais vous devez connaître les règles suivantes à suivre de nos jours :

- Investissez par le biais d'une option confirmée comme Binance, car c'est l'un des marchés les plus stables au monde et il héberge un grand nombre de cryptocurrences.
- Chaque mois, vous pouvez consacrer un montant d'environ 60 euros pour investir dans les crypto-monnaies, comme l'une des premières étapes pour croître et démarrer sur ce marché sans obstacles économiques.

- Investissez la moitié des fonds dans des crypto-monnaies stables et consolidées comme le Bitcoin, par exemple, cela fonctionne comme un actif volant qui peut vous aider à survivre sur ce marché.
- Outre une monnaie stable, vous pouvez en sélectionner trois autres, sur lesquelles vous pouvez maintenir un investissement au moins du début à la fin de l'année.
- En revanche, lorsque vous payez avec des crypto-monnaies, vous devez visualiser les dépôts dans Binance, c'est la classification que doit avoir ce type de mouvement.
- Au bout d'un certain temps, vous devez décider si vous pouvez inclure d'autres cryptocurrences dans le portefeuille.
- L'objectif ou le point clé de ce type d'investissement couvre jusqu'à 10 ans.

Il n'y a aucun doute que l'investissement dans les crypto-monnaies est une option favorable pour penser à la retraite, car elle fournit d'excellents résultats à considérer, cette alternative permet de compenser les pertes qui sont générées surtout dans le premier mois, même vous allez avoir le bonus de faire appel à des monnaies stables.

Les mérites de chaque mois sont derrière chaque succès, un des paris les plus prometteurs aujourd'hui est le Cardano, tout en général est un travail titanesque pour trouver les meilleures options d'investissement, et ensuite c'est que vous pouvez mesurer les résultats pour observer l'augmentation chaque pourcentage.

L'enregistrement du pourcentage gagné permet de contrôler la barrière psychologique, car on commence à remarquer après chaque chiffre que l'on s'en sort bien, l'impulsion qu'il ne faut pas perdre est de garder la marge de pertes à distance, les résultats servent d'évaluation pour mesurer ou changer le portefeuille de crypto-monnaies.

Il est typique que vous dépensez environ 60 euros sur une sorte d'achat, alors que vous pouvez en fait allouer cette sur un portefeuille de cryptocurrency qui peut être plus rentable pour vous, donc l'étape à suivre jusqu'à ce qu'ils deviennent une habitude complète est la suivante :

- **Dépôts en crypto-monnaies**

Il est commun de vouloir geler le capital à travers les crypto-monnaies, ces dépôts sont connus comme un moyen idéal pour récolter des intérêts, cela est accumulé pour accumuler et avoir un type de souscription qui est positionné automatiquement, donc c'est un avantage continu.

L'intérêt de cette mesure est qu'après quelques mois, vous pouvez obtenir des bénéfices importants, car lorsque votre portefeuille commencera à fonctionner correctement, vous vous retrouverez avec le type de revenu qui vous permettra de mieux vivre jusqu'à ce que le solde de votre compte atteigne un point optimal.

Épargne-retraite en crypto-monnaies

De nombreux pays dans le monde investissent et adoptent avec plus de confiance un fonds destiné aux crypto-monnaies, ce point est important pour avoir de la liquidité dans le futur, ceci est dû à la garantie légale que certains actifs importants comme le Bitcoin ont obtenu, puisque cela le classe comme un moyen de protection financière.

Dans le secteur financier la place que les crypto-monnaies occupent est un privilège, c'est pourquoi même les fonds de pension peuvent être soutenus grâce à ce type d'actifs, où vous pouvez diversifier le type de monnaies que vous incluez dans votre plan d'investissement, c'est une meilleure offre pour son amplitude par rapport au traditionnel.

La plupart des participations sont déclarées en crypto-monnaies afin qu'elles ne perdent pas leur valeur au fil du temps, la plupart des entreprises optent pour cette voie de placement de leurs actifs sur les crypto-monnaies, pour profiter de l'augmentation soutenue de la valeur de chaque monnaie comme motif supplémentaire.

Il est visible que vous pouvez générer d'importants profits de premier niveau en détaillant que vos fonds ou capitaux sont sur ces monnaies numériques, en plus la manipulation de l'argent est plus simple par ce biais, dans le cas du Bitcoin par exemple c'est un actif qui possède cette réserve de valeur que la retraite exige.

Par rapport à une marchandise, ce type d'alternative financière a plus de chance de survivre à long terme, car l'investissement rapporte des intérêts et vous apporte du bonheur lorsqu'il y a un mouvement à la hausse au sein du marché, le bitcoin ne peut être escompté car il a gagné plus de marge que l'or.

Au lieu de n'avoir que des actifs traditionnels comme les obligations et les actions, les crypto-monnaies sont désormais intégrées, en construisant un portefeuille il est possible de faire partie des mouvements positifs du marché, les investissements autour de cet actif génèrent un schéma futur très favorable.

- **La spéculation et l'actif légitime derrière les crypto-monnaies**

Au-delà de la satisfaction que peut générer l'investissement dans les crypto-monnaies, convertir cette monnaie en un fonds de pension peut être risqué, mais en même temps c'est une décision qui génère de meilleurs dividendes, l'acceptation d'impliquer ses fonds dans un environnement spéculatif est une conviction qu'il faut adopter.

Le bitcoin comme réserve de valeur est peut-être exagéré, d'autant plus que son prix est volatile, mais à long terme, c'est une solution à prendre en compte, cela va juste à l'encontre de certaines positions conservatrices, mais c'est tout de même une tendance à gagner en intérêt par rapport à tout fonds de pension traditionnel.

Derrière les comportements liés à ce type de marché, il y a une marge très importante pour les grands noms qui souhaitent faire partie de ce média, ce type d'utilité sur votre fonds de pension a été choisi par Tesla, Square et bien d'autres.

L'investissement en actifs est en même temps une aide à la légitimation, car il s'agit d'un marché financier très mobile, non seulement dans votre pays d'origine, mais aussi à l'échelle mondiale.

Acheter des crypto-monnaies comme garantie sur le chemin de la retraite

Effectuer des opérations avec des Bitcoins, par exemple, peut vous laisser dans les 10 prochaines années un fonds de retraite important, donc les crypto-monnaies sont recommandées pour exercer des investissements rentables, l'option et la fonction d'être un trader de crypto-monnaies est un must pour que vous ayez une vision future beaucoup plus forte.

L'optimisme qui existe autour des crypto-monnaies est ancré sur sa réévaluation, c'est la raison principale pour laquelle tous les types d'investisseurs consacrent leurs fonds dans les crypto-monnaies, c'est une issue viable surtout pour se protéger contre certaines situations économiques spécifiques que vous vivez.

Au-dessus de certaines situations financières, elle représente également une excellente alternative pour faire multiplier vos avoirs à moyen et long terme, au niveau des pays où leur monnaie locale est faible rien de tel que d'opter pour certaines variations financières qui sont résistantes comme c'est le cas des crypto-monnaies surtout les stables.

Le plus conseillé pour commencer est d'investir pour un plus petit montant sur les crypto-monnaies les plus importantes, dans le cas où vous cherchez une mesure de retraite vous pouvez opter pour le Bitcoin ou l'Ethereum, mais vous devez commencer par réduire les dépenses minimales et inutiles pour passer à l'investissement de ces petits montants dans les crypto-monnaies pour les rendre utiles.

L'intention d'opter pour une réévaluation continue des crypto-monnaies est une manière d'avoir des forces ou des moyens de réagir à l'avenir, le choix des grands investisseurs pour cette option est une preuve supplémentaire de la puissance de ces actifs numériques, et leurs mouvements sont ceux qui génèrent une pression sur l'offre et le prix de ces actifs.

L'évaluation derrière ce type d'actifs est un paramètre que vous pouvez utiliser pour décider, le développement est clair, derrière le nom de chaque cryptocurrency il y a un projet qui a un potentiel de croissance viable, c'est une idée à traiter pour que les actifs que vous possédez puissent acquérir une autre valeur au fil du temps.

Plans de retraite conçus sur la base des crypto-monnaies

Diverses entreprises réputées émettent un plan de retraite, au sein duquel le bitcoin est largement utilisé. Dans ce type de besoin, certaines entreprises aident et encouragent la formation d'un plan de retraite avec un potentiel en échange d'un paiement pour obtenir leurs conseils afin d'assurer votre avenir.

La plupart des portefeuilles créés sont gardés par les meilleurs jeux, de sorte que lorsqu'un employé prend sa retraite, il peut disposer de tout un fonds qui a généré des intérêts pendant la durée de son travail, alors que les actifs ont été alloués sur les actifs choisis qui devraient contenir un potentiel de croissance.

Actuellement, il ya plus de 150 blockchain en Espagne, et dans chaque pays qui facilitent les opérations, permettant des dépôts d'être faisable et puis au cours du temps vous pouvez, l'adoption de ce type de technologie permet aux entreprises de consacrer le fonds de pension dans le plan de cryptocurrences.

De même en Chine, les plans Blockchain sont conçus au quotidien pour que chaque investissement puisse aller en escalade, et chaque zone en Asie est devenue l'épicentre de la technologie blockchain par rapport aux autres endroits, cela a à voir avec la promotion de ce type de technologie impliquée dans différents domaines de la société.

L'immense développement technologique fait partie de l'innovation industrielle qui a lieu en Asie, au cours des 5 dernières années, il s'est renforcé et la plupart des entreprises locales parient sur cette voie pour fournir des fonds de pension, qui sont soutenus sur la base des nouvelles découlant de cet environnement.

- **Le bitcoin et l'ethereum ne peuvent pas manquer dans un plan de retraite.**

A travers le monde des crypto-monnaies et tout ce qu'il provoque au niveau financier, c'est une opportunité exclusive pour que par le biais de la capitalisation vous puissiez être proche de générer des revenus, jusqu'à ce que vous ayez des liquidités pour vivre confortablement, pour cette raison les crypto-monnaies devraient faire partie de chaque plan de retraite.

Ce type de pari sur votre avenir fait partie d'un nouvel ordre qui surmonte la centralisation, cette utilité vous permet de profiter pour exploiter la technologie blockchain, car ce support représente un apport de rentabilité unique, notamment parce qu'il permet la diversification et est plus fort par rapport aux supports traditionnels.

Avoir des conseils pour créer un portefeuille de retraite, augmente le pourcentage potentiel que vous obtiendrez un actif avec un grand avenir, quand il s'agit de la rentabilité ce type de soutien est plus fiable afin que vous ne devez pas prendre plus de risques, ces instruments augmentent vos pourcentages de profit sur le portefeuille.

Mais au milieu de la formation du portefeuille, il y a d'autres détails ou éléments externes, comme votre âge et vos objectifs, qui comptent lors de l'établissement d'un plan qui représente des gains à long terme, et en étudiant ces détails, vous pouvez accéder à une source importante de rentabilité à des niveaux élevés.

Au niveau mondial, il était traditionnellement investi dans l'or, l'argent et bien d'autres actifs, mais avec la chute de son flux l'arrivée des crypto-monnaies a pris plus de force, ce nouveau flux fait que ce soin de pension est investi pour devenir un revenu variable, donc c'est une véritable alternative qui a du sens.

Le côté frappant des crypto-monnaies est l'intérêt qu'elles suscitent, indépendamment du niveau de risque que cette option génère, donc pour ceux qui recherchent la diversification et la rentabilité cette alternative est la plus appropriée car elle répond à ces critères, sans sous-estimer les avertissements de précaution.

Cette prise de risque est un chemin qui peut améliorer n'importe quel type de pension, jusqu'au point de faire face aux obligations et aux paiements à venir, vous devriez commencer par créer un profil pour visualiser le risque et le temps à affronter jusqu'à l'obtention d'un revenu variable.

Le pari spécial sur le Bitcoin est un moyen particulier pour vous d'acquérir un actif d'investissement avec beaucoup d'avenir devant vous, l'important est qu'au fur et à mesure que vous acquérez plus de données, vous pouvez continuer à exercer l'analyse pour ajuster vos investissements en fonction des tendances du marché.

Dans l'environnement des crypto-actifs il y a une marge importante de capitalisation, donc c'est une amélioration de la liquidité, pour cette raison une grande quantité d'échanges participent à la création de fonds de pension, un contrat peut être réalisé pour assurer votre investissement et vous pouvez avoir des actifs appropriés.

Il se peut que ce secteur de l'économie fasse encore l'objet de nombreuses critiques, mais il est vrai que des actifs importants comme le bitcoin imposent une avancée significative, mais en même temps, de nombreuses informations ont émergé qui permettent de faire confiance à ce type de technologie.

En même temps, certains protocoles ont été imposés pour que la capacité d'exécuter certains contrats ne soit pas diminuée, de sorte que vous pouvez obtenir un apprentissage de base qui vous permet de parier sur l'actif que vous voulez surtout pour obtenir quelques bénéfices de ce marché liquide et actualisé.

L'important est de se poser la question de savoir si vous êtes capable de mesurer et de tenir une position qui n'est pas si spéculative, mais avec un plan à long terme qui est construit avec des positions solides et des projections élevées, ceci est réalisé car vous êtes capable d'exercer une vision approfondie de chaque actif.

Les vues à considérer pour profiter des crypto-monnaies, sont celles qui vous permettent de fonctionner et de prendre des décisions par vous-même, ce type de gestion est une question personnelle, mais vous pouvez utiliser certains portefeuilles numériques où vous pouvez appliquer certaines techniques qui sont liées à l'obtention de revenus passifs.

En fonction de chaque investisseur, vous pouvez choisir la disposition de votre capital, pour commencer, proliférer le type d'opportunités que vous possédez, cette nouvelle industrie est à votre vision, tout dépend de vos objectifs et autour de lui c'est que vous allez construire le plan de retraite.

- **L'estimation futuriste d'un plan de pension**

Une attention prioritaire doit être consacrée à l'avenir que le plan de retraite a, avec ce genre de vision futuriste un investissement en crypto-monnaies est construit, cet aspect sophistiqué est ce dont vous avez besoin parce que pour atteindre un certain niveau de rendement, vous pouvez tirer et étudier les données sur la rentabilité, le risque et d'autres facteurs.

Suivre cette voie vous permet d'obtenir un portefeuille équilibré, en tenant compte des mesures de rentabilité et de risque, en comprenant cela vous pouvez visualiser les hauts et les bas sans trop de peur entre les deux, les limitations peuvent être placées par vous-même jusqu'à ce que vous soyez aussi conservateur que vous le souhaitez, l'essentiel est que votre fonds de pension soit protégé.

De cette façon, vous pouvez élaborer un plan efficace, mais la combinaison des actifs est toujours conçue comme une modalité optimale pour prendre soin de vous, de cette façon vous vous retrouverez avec des données frappantes et claires, l'important est que tout soit bien distribué pour obtenir un revenu variable, de cette façon la composition sera efficace.

La lecture spéciale est ce qui vous permet de comparer les données, avec lesquelles vos fonds peuvent causer des pensions d'être beaucoup plus utile, compte tenu des caractéristiques des actifs qui composent le même, comme il ya des mouvements seront des résultats qui affectent vos plans de retraite actuels.

Le niveau de risque offert par les crypto-monnaies est un moyen d'augmenter la rentabilité, mais à travers un pari où le côté technologique acquiert plus de force, la volonté d'avoir de la monnaie numérique est un pouvoir actuel d'utiliser des actifs qui rassemblent beaucoup de caractéristiques pour en faire des actifs d'investissement idéaux.

Pour trader avec ce type d'actifs, il faut avoir l'idée claire de vivre avec quelques moments amers, cela fait partie du bon et du moins bon côté qui vous accompagnera jusqu'à ce que vous décidiez de retirer tous les fonds dédiés à un tel plan de pension, en utilisant au maximum la valeur et le potentiel des crypto-monnaies.

Lancement de Bitwage pour créer un plan de retraite

Les options disponibles sur le marché sont étendues à travers Bitwage, où l'opportunité se présente de faire partie du premier BTC 401(k) dans le monde, cela fait partie d'un plan de retraite auquel ils peuvent avoir accès, ce projet est accompagné par une partie du partenariat de Gemini et Kingdom Trust.

Chaque employé inscrit a la possibilité d'investir selon deux modes, tout d'abord, des dollars traditionnels de type Roth 401(k), tout cela provient du fournisseur de services qui a les salaires de Bitwage, où un plan 401(k) en bitcoin a été conçu.

Ce type d'exemples démontre l'acceptation que les crypto-monnaies ont, ces plans sont acceptés et conçus par un grand nombre de sociétés et d'entreprises, l'une d'entre elles est Gemini et tout a commencé par un test d'au moins 10 mois de durée afin que chaque employé commence à investir dans le bitcoin.

- **Ce que représente un plan 401(k)**

Un grand nombre d'entreprises parrainent la pratique et privilégient un plan d'épargne spécial pour couvrir les retraites dédiées de leurs employés. En établissant ces plans, vous pouvez assurer votre avenir, ils sont également connus sous le nom de plans à cotisations définies.

Cette option vous permet d'épargner facilement de l'argent pour prendre le contrôle de votre retraite, sans avoir à vous soucier des impôts fédéraux, et encore moins des impôts d'État, il s'agit d'un revenu sur vos fonds jusqu'à ce que vous puissiez retirer la totalité du fonds à la retraite, et c'est l'un des plans les plus courants.

- **La retraite par le bitcoin**

Bitwage trading avec Gemini offre la possibilité de créer un plan de pension, cela est possible ou réel au moyen de plates-formes d'échanges de confiance maximale de ne pas courir n'importe quel type de risque, en outre tout est développé au moyen d'un type de garde imposé par le meilleur et possède la fonction d'administration.

Le profil démographique imposé par chaque entreprise, permet de s'adapter au type de cryptomonnaies qu'il est pratique d'acheter, pour cela une navigation est faite pour profiter des périodes économiques les plus opportunes, cela est favorable pour les entreprises pour réduire les dépenses salariales qui implique ou a à voir avec la retraite.

Ces plans offrent la possibilité de créer des contributions pour créer des avantages par le biais des comptes 401(k), et pour les employés, cela signifie obtenir beaucoup plus, grâce à une manière innovante de transformer votre investissement en un nombre plus important que ce qui a été introduit au départ.

- **Former et sécuriser son avenir après les investissements**

Dans le cas spécifique de Bitwage, des plans sont en cours d'élaboration qui, à l'avenir, donneront lieu à des avantages visibles, c'est le meilleur par rapport à d'autres produits financiers, cela devient une réalité dans le cadre d'un plan solide tel que le 401(k), c'est une alternative pour les traders de surveiller le fonds destiné à leur retraite.

À l'avenir, ces types de plans vont permettre d'utiliser plus de crypto-monnaies, mais pour l'instant, tout est parié sur la stabilité du bitcoin, dans le cas de ce plan, il a été conçu depuis 2014 et depuis lors, il a été la modalité la plus dominante pour maintenir une paie en vie afin que les paiements puissent être émis en Ethereum, Bitcoin, et bien plus encore.

Ce type d'entreprise a également comme projet ou objectif principal que les freelances puissent avoir leurs paiements en crypto-monnaies, puisqu'ils fournissent ce service pour Upwork et aussi pour Toptal, rendant les monnaies numériques plus valides que jamais et un échange de valeur idéal.

Même dans les plans d'héritage, la voie de la crypto-monnaie est utilisée fréquemment, surtout dans les régions où il est très coûteux de maintenir ce type de services ou de calculs, sans que la valeur des propriétés soit en danger, cette voie est réalisable sur différents domaines ; c'est pourquoi ce sont des plans qui révolutionnent tout.

Les meilleures crypto-monnaies pour créer un plan de retraite

À l'approche de l'âge mûr, il est courant de penser à son confort et à ses garanties. Pour vivre pleinement votre retraite, vous pouvez envisager des formes d'investissement qui prennent soin de votre patrimoine à long terme sans vous prendre la tête.

Lorsque vous avez un emploi vous gagnez un salaire, qui doit être un lien pour obtenir une retraite décente qui vous permet de vivre pleinement, cela est difficile à réaliser dans ce type de situation économique actuelle ou de crises mondiales, et une façon de sécuriser vos actifs est à travers les crypto-monnaies pour avoir un revenu utile.

Face à l'inaction de l'Etat pour soigner et construire votre plan de pension, une option indépendante et privée vous permet d'acquérir de merveilleux pourcentages pour mieux vivre à la retraite, mais vous ne devez pas opter pour la banque mais plutôt pour un moyen décentralisé qui vous génère plus de libertés.

L'investissement en crypto-monnaies est intéressant pour obtenir des bénéfices exceptionnels, au-delà du fait qu'il s'agit d'une alternative incertaine ou incontrôlable, mais la vérité est qu'il facilite la création d'un plan de retraite vers un résultat différent des autres options et surtout il est plus rentable, au point de connaître et de participer plus activement avec vos fonds.

Il n'y a pas de comparaison sur le niveau de rentabilité que les crypto-monnaies ont, où la représentation du bitcoin se distingue, parce qu'un investissement que vous faites aujourd'hui, peut être transformé en une mesure double ou triple, rendant tout plan d'investissement rentable.

Mais il n'y a pas que les crypto-monnaies, vous pouvez diversifier vos actifs vers d'autres crypto-monnaies prometteuses à long terme, en ce moment vous pouvez opter pour Monero et Faircoin, car ce sont des options que vous pouvez exploiter pour sécuriser votre pension, mais tout autant vous pouvez faire confiance à d'autres options.

Normalement, vous pouvez suivre de près l'évolution du Litecoin, de l'Ethereum, du Dash et de bien d'autres titres de ce type, l'essentiel étant de constituer un portefeuille adapté à tous points de vue afin que, lorsque la retraite se présentera, vous ayez les moyens de répondre aux différents engagements auxquels vous serez confrontés sans penser à l'argent ou à l'inactivité.

Les crypto-monnaies, un signe d'avenir pour les fonds de pension

Tout ce que les cryptoactifs représentent se traduit par un espoir clair de rentabiliser les fonds de pension, en déplaçant complètement le rôle des institutions financières traditionnelles, cette solution est un mouvement de confiance pour multiplier vos fonds, au-delà des changements qui sont visualisés sur le marché.

Avant certaines fenêtres baissières c'est une entrée formidable pour que votre capital puisse augmenter, puisque vous achèteriez des crypto-monnaies à un prix bas, pour que chaque hausse puisse être utilisée comme un gain personnel après chaque pourcentage d'augmentation de la valeur initiale, donc une collection importante peut être produite pour vous.

De nombreuses sociétés sont en mesure de fournir un fonds de couverture pour les retraites concentré en crypto-monnaies, où il est possible d'avoir accès à une administration plus complète, l'essentiel n'étant pas derrière le capital mais les intérêts générés, puisque c'est ce qui fait vivre votre fonds de pension.

Dès qu'il y a des sommets sur le marché, on peut avoir de bonnes nouvelles, mais en tant qu'investisseur, il faut rester prudent, surtout lorsqu'on surveille de près l'évolution du capital, qui doit être préservé sous une facette baissière pour ne pas brûler sa valeur.

Les fonds dédiés aux crypto-monnaies sont une solution et en même temps un défi, car au niveau des détails, c'est une image compliquée car chaque niveau de négociation affecte le prix des actifs, mais travailler et associer les fonds de pension aux crypto-monnaies n'est pas un fait qui arrive à l'improviste.

Une mesure auxiliaire est les gestionnaires de fonds d'investissement de retraite, en fin de compte les actifs numériques fournissent la commodité, l'éducation est nécessaire et une grande quantité de temps investi, donc les avantages et les inconvénients peuvent être analysés, jusqu'à suivre les étapes des chefs des investissements.

Le principal et unique obstacle pour mettre vos avoirs entre les mains des crypto-monnaies est le degré de volatilité, mais chaque mouvement ou variante doit être accepté par une forte dose de patience, ce sont des facteurs clés pour s'aventurer dans l'avenir de ce type de marché aussi changeant que celui des crypto-monnaies.

Un grand nombre d'investisseurs s'attachent et se familiarisent avec les actifs numériques, ce sont eux qui génèrent un confort pour le contrôle qui peut être exercé sur vos fonds, ce qui fait que si le capital est inséré, plus grands sont les bénéfices lorsque les bons chemins sont suivis.

La victoire que l'on peut récolter sur les fonds d'actifs numériques est la garantie qu'ils ne se dévalueront pas, ce qui est utile en matière de retraite, les crypto-monnaies peuvent être volatiles, mais elles répondent aux critères d'une meilleure évolution par rapport aux produits financiers traditionnels.

La performance des crypto-monnaies est asymétrique, ce qui implique que le potentiel de hausse que vous pouvez rencontrer est plus élevé que le potentiel de baisse, et dans ce comportement le bitcoin répond à cette mesure de rendement, il est le pilier essentiel pour réaliser un investissement institutionnel.

La vision d'investir un fonds sur une crypto-monnaie est une tâche ou une étape encourageante en raison de la marge de croissance, tant que tous les risques associés sont acceptés naturellement, vous serez en mesure de gérer le capital d'une meilleure façon, c'est une façon intelligente d'échapper à l'inflation et juste faire face aux risques acceptables d'un marché.

Certains mouvements d'investissement souffrent face à la spéculation, cela devient un des moments les plus tendus, car certains mouvements peuvent complètement vous déconcerter, mais tout dépend de la durée du marché baissier ainsi que de la volatilité qui se produit sur les crypto-monnaies.

Les bénéficiaires d'un tel fonds exigent un niveau de recherche maximal, de sorte que, dès le lancement de l'investissement, votre argent commence à être confronté à des risques, mais une équipe d'investissement garde le contrôle de la situation, quelles que soient vos préoccupations.

De plus en plus de milieux sont marqués dans l'investissement en crypto-monnaies pour vivre pleinement dans le futur, où chaque participant commence à se demander sur quels actifs numériques il sera pratique de placer ses fonds pour que dans les années à venir les intérêts commencent à émerger.

Actions à éviter pour gagner sa vie avec les crypto-monnaies

Quel que soit le type de crypto-monnaie que vous préférez ou celui dans lequel vous investissez, il y a quelques précautions ou recommandations à prendre au sérieux, car cela vous permettra d'atteindre la liberté financière à laquelle vous aspirez, mais c'est un domaine où la lecture est tout, surtout au sein du comportement du marché.

1. **Manque de connaissances sur les crypto-monnaies**

Ce qu'il ne faut pas oublier, c'est qu'il s'agit d'une activité qui peut générer des pertes importantes, mais il faut se concentrer tout le temps sur ce que l'on peut gagner, au lieu d'être pessimiste car cela ne fait que violer votre côté émotionnel, donc une action à éviter est l'ignorance de ce que vous investissez.

Derrière chaque type de crypto-monnaie il y a un but, en connaissant ces points vous pouvez suivre l'actualité de ce secteur surtout basé sur la technologie blockchain où circulent de nombreuses données qui ne sont pas totalement comprises, mais qui vous donnent un avantage certain.

D'une manière générale, cela vous aide à reconnaître la cotation qui existe sur le marché, c'est-à-dire la quantité d'achats et de ventes entre les deux, tout cela peut être connu grâce aux informations ou aux statistiques que possède une bourse, il en va de même pour le traitement d'une grande quantité d'informations sur le portefeuille que vous allez utiliser.

Elle reconnaît avant tout que ce type d'actif numérique est entièrement décentralisé, et les prédictions à son sujet se positionnent comme un pilier de l'économie du futur, c'est pourquoi les pensions tournent autour de cette classe d'actifs, c'est pourquoi elles sont le plus souvent utilisées comme un investissement plutôt que comme une forme de paiement.

2. Lire et suivre tout site trouvé en ligne

Lorsqu'il s'agit de vos avoirs, vous ne pouvez pas faire confiance à n'importe qui, notamment parce que vous pouvez être victime d'escroqueries ou participer à un fonds impliqué dans la corruption. L'un des moyens d'apprendre est donc de bénéficier des conseils d'experts, ainsi que de vos propres erreurs en lançant vous-même un enregistrement 100% légal.

Derrière chaque décision se cache l'avenir de votre argent, opter pour les crypto-monnaies n'est pas un pas léger, pour n'importe quelle raison il n'est pas sain d'agir dans l'urgence, parfois suivre des impulsions ne vous apporte aucun résultat positif, il est donc préférable de préférer un moyen plus sûr et explicite.

Au lieu de croire tout ce que vous lisez, il est préférable de se référer aux sources officielles, sans oublier que vous ne devez pas partager vos informations financières, même avec des connaissances, car le contrôle des actifs numériques dépend du type de précaution que vous pouvez exercer dès le début.

3. Dépenser une fortune pour des cours sans réputation

Apprendre à investir dans les crypto-monnaies n'est pas facile, beaucoup moins si vous voulez que ces actifs peuvent représenter vos fonds à l'avenir, donc il ne suffit pas avec quelques conférences ou beaucoup moins, il est préférable de s'engager pleinement pour effacer tous les doutes, sans perdre trop de temps dans la pratique juste parce que vous manquez des opportunités.

Sur le marché il y a des lacunes que vous ne devez pas manquer, mais l'apprentissage est vital, donc la chose la plus appropriée à faire est de ne pas perdre de temps mais de se consacrer à l'analyse de vos options, sans avoir besoin de prendre des mesures impulsives qui sont responsables de faire l'investissement pour vous, il s'agit de suivre ce qui est plus professionnel et efficace.

Ce que l'on ne peut éviter, c'est le devoir d'apprendre, mais il ne faut pas non plus aller jusqu'à faire partie d'un cours dont le seul objectif est de vous soutirer de l'argent, car ils ne vous donneront que des conseils qui ont l'air sympathiques, mais qui, dans l'évolution du marché, ne produiront aucun effet, et encore moins prépareront votre psychologie.

4. **Choisir une crypto-monnaie pour une promesse haussière**

Penser à gagner sa vie avec les crypto-monnaies et obtenir de l'argent facile n'est pas quelque chose qui se produit du jour au lendemain, donc au-dessus de la cupidité, vous devez comprendre que certaines crypto-monnaies reçoivent de la publicité pour profiter de ceux qui sont déjà à l'intérieur, plus vous avez besoin de conseils pour identifier la chute de ce pic ou moment haussier.

Sur le marché, le schéma habituel est qu'il y a un niveau de prix élevé, puis une tendance à la baisse, cela fait partie de la dynamique de ce type d'environnement, car comme dans tout autre investissement, tout ce qui monte doit redescendre, tout au long de l'histoire, de tels schémas font partie de toute économie.

Il est habituel que vous entendiez ou lisiez de nombreuses publications où l'on vous recommande d'acheter parce qu'elles vaudront beaucoup dans le futur, ce type de concept est établi sur la plupart des actifs.

L'important est que vous soyez capable de reconnaître sa valeur, ainsi que de déterminer si son prix a le potentiel de grimper, car on ne peut pas lire l'avenir, mais à l'heure actuelle, on peut mesurer à quoi sert la crypto-monnaie, c'est un aperçu de jusqu'où elle est capable d'aller, car aucun prix n'est stable du tout.

Les saisons et l'actualité influent sur un prix, la valeur réelle est donc relative et il est difficile de déterminer avec certitude une quelconque projection, mais lorsqu'il s'agit de vivre de cette activité, le plus approprié est de miser sur les actifs les plus stables afin de pouvoir compter dessus pour sa retraite.

5. Emprunter et augmenter ses dépenses en investissant dans les crypto-monnaies

Investir dans les crypto-monnaies en tant que style de vie, va de pair avec une diminution de vos dépenses, à moins que vos gains soient supérieurs à la consommation que vous faites, cela aide vos fonds dans leur ensemble peuvent gagner des intérêts sans difficulté, aussi le capital impliqué sur la crypto-monnaie devrait être un fonds dont vous n'avez pas besoin.

Dans le cas des pensions et des retraites, il s'agit de l'administration et de la protection des fonds, en tant que mesure utile face à l'inflation, ainsi que de l'intervention et des commissions générées par les institutions publiques, qui, en plus de tout le reste, ne génèrent aucun type d'augmentation de capital.

Quand on veut vivre de ces actifs numériques, il ne faut pas envisager de gagner trop ou de vouloir se refaire avec l'argent de quelqu'un d'autre, car ce serait une pression extrême quand les résultats recherchés ne sont pas produits, ce problème géant ne permet pas de voir les opportunités, sans compter que l'on peut s'endetter.

Ce type d'action d'emprunt ne fait qu'empirer les choses, les plus habituels sont les témoignages dans lesquels une famille entière vend son patrimoine pour l'investir dans les crypto-monnaies, ce qui est plus judicieux que l'emprunt, bien qu'il soit observé de manière différente, à long terme il génère plus d'opportunités un capital fort basé sur votre patrimoine.

Au lieu de considérer les investissements comme un événement impossible, vous pouvez commencer par allouer vos dépenses de malbouffe ou juste quelques 5 $ par mois, par semaine ou comme vous le préférez, peuvent être dirigés vers la construction d'un fonds de cryptocurrency qui peut vous représenter demain.

6. **Parier sur des crypto-monnaies dont le bilan est médiocre**

Vivre des revenus et des mouvements des crypto-monnaies dépend surtout du choix d'actifs stables, surtout quand on veut passer sa retraite sur ces monnaies, car si on a un projet solide et un comportement évolutif derrière, on peut devenir millionnaire sur le long terme ou ses fonds auront acquis des intérêts importants.

Cela s'applique à toutes les crypto-monnaies en général, car opter pour celles qui valent 1 $ aujourd'hui, pour s'attendre à une croissance massive dans quelques années pour avoir un prix de 100 $ ou plus, est une mesure futuriste, mais en même temps vide, car il y a beaucoup de facteurs impliqués pour certifier qu'il s'agit d'une crypto-monnaie avec du potentiel.

Trouver de telles opportunités est compliqué, en tout cas dépend de la vision et de l'étude des experts qui mesurent les crypto-monnaies émergentes, mais rien n'est écrit dans ce type de marché, l'idée de multiplier son argent dans ce monde est une escalade progressive, l'essentiel est de ne pas tout acheter ou investir sans avoir une base de recherche.

www.ingramcontent.com/pod-product-compliance
Lightning Source LLC
Chambersburg PA
CBHW072032230526
45466CB00020B/1744